T 56
16
1625

ÉTUDES LÉGISLATIVES

SUR

LA SESSION DE 1866

PAR

MICHEL AGARD

Licencié en Droit.

MARSEILLE

IMPRIMERIE MARIUS OLIVE,
RUE PARADIS, 68.

1870

ÉTUDES LÉGISLATIVES

SUR

LA SESSION DE 1866

PAR

MICHEL AGARD

Licencié en Droit.

La session législative de 1866 est close depuis le 30 juin; mais nous possédons à peine tous les documents qui s'y rattachent. Les travaux de nos assemblées ne consistent pas seulement dans la reproduction sténographique des séances : on n'en a qu'une connaissance imparfaite, si on ne lit en même temps l'exposé des motifs des lois élaborées par le conseil d'État, et le rapport des commissions spéciales.

Le bilan de l'année 1866 nous a paru assez riche pour être signalé, et assez intéressant pour être l'objet d'une étude sommaire. Ce travail présente à nos yeux le double avantage d'appeler l'attention sur des lois dont quelques-unes passent même inaperçues, et de nous permettre d'en apprécier la portée économique et sociale. Nous aurons à mentionner les lois adoptées, et celles qui ayant déjà traversé toutes les phases qui précèdent la délibération, n'attendent qu'un vote définitif. On ne saurait le dissimuler, les projets de lois, ceux surtout qui n'arrivent pas sous l'inspiration d'une idée politique préconçue, sont l'objet d'études aussi consciencieuses qu'impartiales, et donnent lieu parfois à des rapports fort remarquables. Le public ne prête pas toujours à ces œuvres l'attention qu'elles méritent ; c'est regrettable , car nos intérêts les plus graves y sont souvent attachés, et de plus , un pays n'est vraiment digne de libertés qu'en montrant à ses mandataires que leurs travaux sont suivis d'un œil attentif, et qu'on sait, au besoin, distribuer l'éloge ou la critique. Cet échange d'impressions ne peut que servir les intérêts généraux, bien mieux que l'indifférence habituelle au caractère français trop enclin à se reposer sur autrui du soin de ses propres affaires.

La session de 1866 a vu naître 191 projets de lois, dont 150 d'intérêt local et 41 d'intérêt général. C'est sur cette dernière catégorie que va porter spécialement notre examen, et avec d'autant plus d'opportunité, que la plupart sont exécutoires à partir de 1867.

3

1.

L'électricité a déjà rendu de bien grands services au commerce et à l'industrie, et ce n'est pas à Marseille qu'il est nécessaire de faire ressortir l'importance pratique d'une loi destinée à encourager de nouveaux progrès. La pile de Volta est sans contredit un des plus admirables instruments de la science. Napoléon Ier l'appelait *le chemin des grandes découvertes*, et devinant les merveilles qu'elle recelait, il institua un prix de 60,000 fr. en faveur de celui dont les travaux formeraient dans l'histoire de l'électricité une époque mémorable. En 1852, le gouvernement, dirigé par la même pensée, institua un prix analogue, à décerner après cinq ans, à l'auteur de la découverte la plus utile à l'application de l'électricité voltaïque. Aucun mémoire n'ayant rempli les conditions du programme, le même concours demeura ouvert pendant une nouvelle période de cinq années ; et en 1864 le prix fut décerné à M. Ruhmkorff, qui déjà avait obtenu la première place dans le concours précédent.

Les rapports de MM. de Voize et Dumas retracent l'historique de la pile voltaïque et de ses applications successives. L'éminent rapporteur du Sénat y a mis surtout cette admirable clarté, qui rend la science accessible à ceux même qui lui sont le plus étrangers, et a su obtenir des *bravos* et des applaudissements, dans une question peu propre d'ordinaire à passionner une assemblée. En présence des services rendus par l'électricité aux arts chimiques, à l'éclairage, aux arts mécaniques, à la médecine , et de ceux qu'on est encore en droit d'en attendre, une loi instituant un nouveau prix de 50,000 francs, pour une nouvelle application de la pile de Volta, a été présentée et votée à l'unanimité, et pour ainsi dire sans discussion.

II

On sait que les mines sont soumises à d'autres lois que la propriété ordinaire. Cette distinction est motivée par les principes mêmes d'où découle le droit de propriété, l'intérêt commun, la justice et le travail. Ce n'est pas ici le lieu de développer cette thèse (1) ; qu'il nous suffise de dire que les mines s'obtiennent par concession, suivant les conditions énumérées dans la loi de 1810. La même loi régit les minières et les forges, fourneaux et usines. Ces derniers établissements ne peu-

(1) Voir M. A. Desjardins : Discours [de rentrée de la Cour impériale d'Aix.

vent se constituer qu'avec une permission administrative, après les formalités déterminées ; il en est de même |de leur exploitation. Les minières au contraire appartiennent au propriétaire de la surface ; mais c'est une propriété d'une nature spéciale soumise à des réglements. Ainsi le propriétaire du fond peut exploiter en certains cas sans permission ; d'autre part, il est tenu de fournir, en quantité suffisante, du minerai de fer d'alluvion aux usines établies dans le voisinage avec autorisation ; à défaut, les maîtres de forge ont la faculté d'exploiter à sa place. En outre le prix du minerai, l'indemnité due au maître du fond sont fixés de gré à gré ou par expert. Toutes ces mesures restrictives ont paru en contradiction avec les principes qui prévalent aujourd'hui, et d'après lesquels l'industrie et la propriété doivent être abandonnées de plus en plus à leurs propres forces. Désormais les maîtres de forges pourront s'établir sans autorisation préalable de l'administration ; d'un autre côté les servitudes qui pèsent en leur faveur sur le fond voisin pour le minerai de fer d'alluvion sont supprimées. Toutefois la législation actuelle est maintenue, pendant dix ans encore, à l'égard des établissements créés et autorisés sous le régime de la protection. En résumé, règlementation amoindrie, intervention de l'Etat remplacée par l'initiative individuelle, transition ménagée avec prudence, telle est la situation faite aux minières et hauts-fourneaux. Aussi les défenseurs du système ancien n'ont-ils rencontré qu'une faible minorité (1) ; toutes les nuances de la politique comme les économistes de toutes les écoles se sont réunis pour accepter cette modification. L'organe de cette minorité (2) a signalé d'autres changements que devrait subir la loi de 1810, à la suite d'une semblable innovation , et qui en sont le corollaire obligé , dans l'intérêt des maîtres de forges, si éprouvés par notre nouveau régime économique. Sa voix n'a pas été sans écho, et nous espérons que ses vœux ne tarderont pas à être entendus.

Le vent qui souffle à travers nos codes , et qui paraît destiné à balayer les derniers vestiges de protection, pour tout assujétir aux lois de l'offre et de la demande , ne respecte pas toujours au même degré les résistances légitimes qui se produisent : la loi sur la marine marchande en est un exemple.

III.

A l'avenir tous les objets nécessaires à la construction, au gréement , à l'armement et à l'entretien des navires de commerce , en bois ou en fer, à voiles ou à vapeur, seront admis en franchise de droit, à charge de justification dont la forme doit être établie

(1) 4 voix.
(2) M. Fabre.

par décret. D'autre part tous les bâtiments de mer, gréés ou armés, sont admis à la francisation, moyennant un simple droit de deux francs par tonneau de jauge. Cette dernière clause, qui devait être mise en vigueur six mois après la promulgation, vient d'arriver à échéance ; et une circulaire récente de la direction des douanes a réglé les conditions d'exécution, conditions qui ont paru quelque peu restrictives aux amis de la liberté absolue des échanges (1). Les constructeurs se trouvent donc en face de deux mesures, destinées à se neutraliser en ce qui concerne leurs intérêts, mais qui ont l'avantage d'être conformes aux nouveaux principes. L'expérience dira s'il y a compensation réelle, et, dans tous les cas, de quel côté penchera la balance.

Marseille et nos principales villes maritimes sont intéressées sans doute à ce qu'un plus grand nombre de navires abordent dans leurs rades ; et, à ce point de vue, les premiers articles de la loi nouvelle, y compris l'extension de la franchise des droits de tonnage à tous les ports de l'Empire, ne sauraient nuire à leurs intérêts. Notre ville elle-même n'a pas songé à réclamer le maintien d'un privilége devenu inutile à sa prospérité, et qui soulevait depuis longtemps des plaintes amères. Marseille s'est montrée plus libérale que les autres ports du littoral, qui, par l'organe de leurs députés, ont

(1) Circulaire de la direction générale des douanes du 9 décembre 1866.

demandé l'extension de la franchise à la Méditerranée seulement. M. Bournat, interprète de nos intérêts en cette occasion, a accepté l'égalité dans la suppression des droits, ne s'opposant qu'à l'égalité dans leur rétablissement. Telle a été aussi la pensée de la commission qui, pour donner une satisfaction aux députés du Midi, s'est bornée à devancer d'une année l'affranchissement des ports, d'abord fixé au 1er janvier 1868 (1).

Jusqu'ici, et à un certain degré, on peut dire que notre marine n'est pas en jeu dans l'expérience qui se fait en ce moment. Tout ce qui porte notre pavillon devient pour elle, soit comme instrument de transport, soit comme école de marins, un élément de vie et de prospérité.

Tiendrons-nous le même langage à l'expiration des trois années, délai fixé pour la suppression des surtaxes de pavillon·qui frappent aujourd'hui les produits importés des pays de productions ? Nous n'oserions l'affirmer, malgré l'adhésion des Chambres de commerce de Marseille et de Bordeaux, adhésion subordonnée du reste à diverses réformes relatives à l'armement, à l'inscription maritime, au Code de Commerce. C'est ce qui nous est révélé par l'enquête. De son côté, le rapporteur énumère toutes ces réformes :

« Le succès de la loi sur la marine mar-

---

(1) Le *Moniteur* du 29 décembre contient le décret d'exécution, précédé d'un rapport de M. le ministre du Commerce.

« chande, dit-il, dépend de la prompte ap-
« plication de ces mesures ; et ce n'est qu'à
« ce prix que la concurrence des pavillons
« sera possible. »

C'est cet accord complet entre les repré-
sentants du commerce maritime et la commission législative qui autorisait M. Berryer, dans le cours de la discussion , à de-
mander si, le vote ayant lieu dans ces conditions, sans que les réformes indiquées aient
été accordées dans le délai déterminé , la loi
ne devrait pas être considérée comme non
avenue. M. Rouher se hâta de dissiper toute
illusion, qualifiant sinon de téméraire , au
moins de hardie une pareille proposition , et
repoussant hautement la pensée d'un vote
conditionnel.

Nous signalerons, à notre tour, une autre
réforme naturellement indiquée pour faciliter à notre marine l'épreuve qui l'attend, et
favoriser notre industrie par l'application
même des idées nouvelles : ce serait une mise
en vigueur plus large et plus complète du
principe de réciprocité , tel qu'un article
même de cette loi, et le récent traité de navigation avec l'Autriche en portent la trace.
On pourrait citer tel produit national prohibé
dans un pays qui peut nous envoyer le produit similaire, moyennant un droit d'entrée
assez réduit (1).

(1) Le sel marin étranger est prohibé en Tur-
quie, en Russie par la mer Noire.

Bien que la commission ait définitivement adhéré au projet gouvernemental et qu'elle l'ait soutenu devant le Corps législatif, il est juste de faire connaître ses efforts pour le modifier dans un sens plus favorable à notre marine et aux vœux du commerce. Disons d'abord qu'elle a obtenu le maintien des surtaxes d'entrepôt qui étaient destinées à disparaître. Sur ce point, les Chambres de commerce ont été unanimes à considérer nos marchés comme sérieusement menacés par l'adoption d'une semblable mesure. A Bordeaux, on reconnaît le système économique en vigueur comme bon en lui-même ; mais on croit qu'il faut bien se garder d'entrer dans la voie des réformes uniquement pour l'amour des principes ; et que chaque mesure doit être prise en son temps. Marseille, qui accepte la concurrence des pavillons, demande le maintien, et s'il le faut, l'augmentation des surtaxes d'entrepôt. Le conseil d'Etat n'a pas persisté devant une opinion aussi énergiquement et aussi généralement exprimée.

Il n'en a pas été de même de l'article relatif à l'assimilation des pavillons. La commission avait successivement proposé la réduction des surtaxes à moitié après trois années, et leur suppression complète, seulement après un délai de cinq ans ; l'élévation du tonnage des navires armés au cabotage et l'extension de leur zône de navigation ; enfin l'insertion dans la loi d'une promesse de modifier l'inscription maritime dans ses rapports

avec la marine. Tout a été repoussé : les ré-
clamations motivées de la plupart des Chambres de commerce , les efforts de la commission , l'argumentation chiffrée et éloquente
de M. Thiers et de ses collègues les plus compétents n'ont rien obtenu ; et cet article qui ,
sans être toute la loi, en est cependant le
point fondamental , n'a pu être adopté qu'en
rencontrant une opposition sérieuse (1), et
après les déclarations les plus favorables aux
réformes demandées.

Aujourd'hui c'est à l'expérience à prononcer ; voilà cette loi en vigueur dans plusieurs
de ses dispositions ; la francisation des bâtiments étrangers et la franchise de tous les
ports de l'empire. Nous verrons si les navires
nous arriveront en plus grand nombre, si l'industrie des constructeurs se développera à la
faveur des matières premières dégrevées ; si
les capitaux et l'esprit d'entreprise se tour-
neront avec plus de confiance vers les intérêts maritimes ; mais on peut dire, sans témérité, que l'épreuve qui commence a besoin
d'une longue paix pour ne pas laisser de re-
grets.

(1) 63 voix

IV.

Les attributions des conseils généraux viennent d'être élargies : c'est un nouveau pas
vers la décentralisation administrative ; ce
n'est pas encore la véritable application du
principe. Déjà ce nom avait été donné aux
décrets de 1852 et 1861, qui enlevaient aux
ministres, pour les transférer aux préfets, la
solution d'un certain nombre d'affaires. C'é-
tait en effet, pour bien des cas, une heureuse
simplification ; mais les feuilles publiques, les
circulaires officielles donnèrent à cette mesure une très grande importance. Aujourd'hui,
en préconisant la loi nouvelle, on rend à ces
décrets leur véritable caractère. « Ce fut, dit
le rapporteur du conseil d'Etat, une œuvre
sage, utile, pratique de délégation, non une
œuvre de véritable émancipation. » M. Béhic,
à son tour, s'exprime ainsi : (1) « Jusqu'à ce
jour les conseils départementaux étaient con-
sidérés comme en tutelle, la loi du 18 juillet
1866 les rend majeurs ; vous n'étiez qu'un
conseil dans les limites de votre compétence
territoriale et administrative, la législation
nouvelle vous constitue un pouvoir.» En ex-

(1) Discours de M. Béhic, président du conseil
général des Bouches-du-Rhône (1866).

posant les dispositions principales de cette loi, nous constaterons le progrès accompli et essayerons d'en préciser l'étendue. Si notre approbation, comme celle des députés de l'opposition, n'est pas absolue, nous espérons avec eux voir surgir, dans un délai plus ou moins éloigné, un projet de loi plus libéral encore et un nouveau rapporteur donner à nos réserves actuelles un appui rétrospectif.

C'est, sans contredit, une attribution précieuse pour nos conseils départementaux, qui n'étaient appelés à statuer définitivement que sur la répartition des impôts directs entre les arrondissements, les demandes en réduction de contingent, l'imposition des centimes additionnels autorisés préalablement par une loi, enfin la déclaration et la direction des chemins de grande communication, de pouvoir statuer désormais sur tous les objets abandonnés à sa décision. Nous mentionnerons particulièrement les acquisitions, aliénations ou échanges de propriétés départementales ; leur mode de gestion et les changements de destination ; les baux, qu'elle qu'en soit la durée ; acquisitions ou refus de dons et legs; classement, déclassement, direction de rentes départementales, vicinales ou de grande communication, et désignation des services auxquels doit être confiée l'exécution des travaux; actions à intenter ou à soutenir et transactions sur les droits du département ; service des aliénés et des enfants assistés ; vote des centimes extraordinaires et d'emprunts; fixation du nombre de centimes que les conseils municipaux sont autorisés à voter; projets, plans et devis de travaux à exécuter sur les fonds départementaux.

C'est une assez longue énumération ; mais il reste à examiner la série des restrictions. Les unes sont formellement précisées dans la nouvelle loi , les autres appartiennent à celle de 1838, qui reste en vigueur dans plusieurs de ses dispositions ; car on ne peut connaître d'une manière exacte et complète la législation départementale qu'en rapprochant le texte des lois successives de 1833, 1836, 1838, 1848, 1852 et 1866 . C'est un grave inconvénient signalé dans la discussion ; on a exprimé le désir de voir codifier ces ordonnances ou articles éparpillés , mais c'est demeuré à l'état de vœu isolé. Parmi ces restrictions, il en est qui ne sauraient motiver aucune critique ; ainsi on comprend que le droit de disposer, quelle qu'en soit la forme, des propriétés départementales, cesse, quand il s'agit de préfecture , sous-préfecture , locaux affectés aux cours et tribunaux, casernement de gendarmerie et prisons. Ce sont des services publics intéressant l'Etat et dont il doit assurer la marche. Nous en dirons autant du loyer et de l'entretien de ces établissements, y compris les justices de paix , auxquels il peut être pourvu, en cas d'omission de crédit suffisant, au moyen d'une contribution spéciale, par décret ou par une loi.

En outre sur tous les objets laissés à la décision des conseils, il y a un droit d'annulation en cas d'excès de pouvoir ou de violation de la loi ; on s'explique la nécessité de ce contrôle. Mais on comprend moins la disposition finale de l'article 1 qui donne au gouvernement un droit de suspension, pendant deux mois après la session, sur quatre points déterminés.

M. Marie, qui a pris une part très active à la discussion , a fait ressortir combien cette restriction est en désaccord avec le principe même de la loi; et surtout dans quel conflit regrettable on pourrait se trouver, si on ne fixait un délai, après lequel une décision prise de nouveau par le même conseil, à la suite d'une suspension , deviendrait irrévocable. On a persisté néanmoins à laisser cette arme entre les mains du pouvoir exécutif. Nous remarquons que le projet primitif ne comprenait pas ces divers objets dans le cadre de l'article 1er, ou qu'ils ne s'y trouvaient qu'accompagnés de ce correctif : *sur la proposition du préfet*. Ainsi ce droit d'initiative en faveur du conseil, en ce qui concerne le service des routes, des aliénés et des enfants assistés , n'a été concédé à la commission qu'au prix d'une concession équivalente.

La question des routes a également donné lieu à des exceptions. Le droit de décision s'arrête, quand leur tracé se prolonge sur un ou plusieurs départements voisins. Il y a là, en effet, une question d'intérêt général qui ne peut être tranchée isolément ; mais quel danger y aurait-il à autoriser deux conseils généraux à s'entendre directement sur des objets de cette nature ? L'Etat n'interviendrait que pour constater que l'accord a précédé l'exécution. Tout serait ainsi concilié : l'autorité centrale ne serait point mise à l'écart, l'intérêt général serait sauvegardé , et le principe de décentralisation ne subirait aucune atteinte.

On a encore réservé les travaux à exécuter sur les routes départementales ; laissant, en ce qui concerne les autres chemins, toute liberté aux conseils locaux de régler le mode d'exécution et de désigner les services qui en seraient chargés. Cette nouvelle restriction nous paraît aller contre son but, en même temps qu'elle froisse les principes adoptés. Le conseil d'Etat et le Corps législatif ont été guidés par cette pensée, que le corps des ponts-et-chaussées pouvait être écarté de cette direction ; et ils ont voulu s'assurer que ce service lui serait confié. Le mobile qui nous inspire en ce moment est tout aussi favorable à ce corps savant ; mais , quaud nous voyons, chaque jour la vaste et puissante industrie des chemins de fer, les grands travaux publics de l'étranger recourir librement à la science de nos ingénieurs , et porter dans toutes les sphères le renom de notre école polythechnique, nous entrevoyons aisément quel usage on eût fait de cette liberté. Au prix même de quelques rares exceptions, nous eûssions mieux aimé voir nos conseils départementaux attirés vers les ingénieurs des ponts-et-chaussées par le prestige de la supériorité, que poussés vers eux par un texte de loi.

Nous allons aborder un ordre d'observa-

tions plus graves; il s'agit du droit conféré
à ces assemblées de voter des centimes extraordinaires, et des emprunts sur ces centimes et les ressources ordinaires, ainsi que
de faire exécuter des travaux sur les fonds
du département. Ce droit, il est vrai, est
limité par un maximum, inscrit dans les lois
de finances, et par un délai de douze ans
pour les emprunts. Ce n'en est pas moins une
attribution considérable. On a reproché à un
député d'avoir manqué de libéralisme, pour
s'être opposé à l'adoption de cet article. Au
milieu d'une session, où les autorisations d'emprunts locaux commençaient à rencontrer
des résistances, on comprend qu'il se soit
manifesté quelque crainte de voir les conseils généraux se laisser entraîner plus facilement que le Corps législatif, et le désir de
maintenir ce frein salutaire. Néanmoins cette
attribution ne pouvait être supprimée; mais
elle entraînait des modifications à l'organisation actuelle. M. Rouher demandait qu'on
se renfermât dans les limites du projet de loi,
qui n'avait aucun caractère politique. Il y
aurait eu confusion, en effet, si on eût abordé
toutes les questions que comporte un programme complet de décentralisation administrative. Mais, en restant sur le terrain même indiqué par M. le ministre d'Etat, on pouvait proposer certaines réformes, qui étaient
le complément indispensable de la loi, et
non une déviation. Ainsi l'élection des prési-
dents et secrétaires par leurs collègues; l'insertion au procès-verbal du nom des membres

qui prennent part aux discussions, afin de laisser à chacun, devant ses électeurs, la responsabilité de ses actes; l'incompatibilité des fonctions de procureur impérial et de juge de paix avec le mandat de conseiller général dans l'étendue de leur ressort; telle est la série de réformes qui pouvaient être accordées. On ne saurait mettre en doute l'indépendance des conseils élus sous le régime actuel; on ne saurait non plus refuser aux mesures que nous venons d'énumérer, un caractère de modération capable de rassurer les pouvoirs publics, et en même temps un esprit progressif qui eût fait accepter plus aisément aux contribuables les impôts votés sous l'empire de la loi nouvelle.

Ces diverses concessions, y compris le droit d'imposer des centimes et de voter des emprunts, constituent un ensemble qui ne pouvait être brisé, sans que le principe même de la décentralisation fût atteint dans sa base. Du reste, la commission elle-même l'a reconnu, puisqu'elle a proposé la plupart de ces réformes libérales et qu'elle n'a cédé que devant le refus du conseil d'Etat.

Le droit de faire exécuter des travaux et de statuer sur les plans et devis ne présente pas moins de gravité. A propos de l'application des lois, il y a deux natures de documents toujours très-utiles à consulter : l'exposé des motifs qui précède la discussion et fait connaître le mobile qui a présidé à leur présentation ; ensuite la circulaire qui, après l'adoption, laisse pressentir comment elles seront exécutées. Sur l'objet qui nous occupe, nous tenons à citer les paroles ministérielles ; elles trahissent toute la sollicitude qu'inspire cette nouvelle attribution, et rappellent involontairement les émotions du père de famille à l'heure solennelle de l'émancipation :

« Une disposition non moins importante confère au conseil général le droit de statuer définitivement sur tous les projets, plans et devis de travaux exécutés au compte du département. La construction des édifices départementaux a souvent donné lieu à de regrettables mécomptes, et, au moment de s'engager dans une coûteuse entreprise, le conseil reconnaîtra plus que jamais la nécessité de soumettre à une vérification sévère les projets proposés à son adoption. A défaut du conseil général des bâtiments civils, dont l'examen ne sera plus obligatoire, il conviendra de recourir aux lumières d'un comité local composé de praticiens exercés. L'architecte devra redoubler de soins dans la rédaction des devis ; je ne saurais trop vous recommander de ne les soumettre au conseil général qu'après avoir épuisé tous les moyens de contrôle, et d'appliquer rigoureusement les prescriptions de ma circulaire du 9 septembre 1865 sur les honoraires proportionnels des architectes. »

Il y aurait encore à faire connaître les modifications apportées à la comptabilité départementale ; c'est un mécanisme un peu long à expliquer ; il suffira d'exposer ici le principe adopté : les cinq sections disparaissent pour faire place à deux budgets, ordinaire et extraordinaire. A l'avenir chaque département gardera dans ses recettes la part qu'il versait au fonds commun; et ceux qui, moins favorisés, recevaient de ce fonds plus qu'ils ne lui donnaient, trouveront inscrite au budget de l'Etat une somme destinée à les aider, de manière à assurer partout l'équilibre.

En résumé, malgré les réserves et les critiques que nous avons cru devoir présenter, dans l'intérêt même des principes, nous n'hésitons pas à dire que cette loi constitue un progrès incontestable sur le régime actuel. Elle n'a rencontré, au vote définitif, qu'une très-faible opposition, celle de cinq députés de la Seine ; ils n'ont pas voulu consacrer l'exception qui place leur département en dehors du droit commun.

Nous ne dirons rien aujourd'hui des attributions des conseils municipaux.— Le projet de loi, présenté d'abord avec celui des conseils généraux, dont il formait un titre distinct, sera l'objet d'un rapport séparé et d'une discussion spéciale. Nous aurons donc occasion d'y revenir; mais nous ne pouvons passer sous silence la partie relative au renouvellement des conseils municipaux.

D'après ce projet, le mandat de conseiller municipal aurait une durée de neuf ans.— C'est un délai bien long, à notre époque surtout, et pendant lequel l'esprit public subit souvent de véritables transformations. Mais le renouvellement triennal et par tiers, comme cela a lieu pour les conseils généraux , sera un correctif.— Nos diverses assemblées locales verront ainsi se maintenir dans leur sein les traditions utiles à la marche des affaires , et, par les renouvellements partiels, elles continueront à refléter les modifications de l'esprit public. On n'est pas précisément d'accord sur la durée normale à donner à un mandat électif.— La loi sur les conseils généraux a vu surgir des amendements, tendant à le porter à douze ans ou à le réduire à six.- Il n'y a pas sur ce point de doctrine absolue. Nous croyons cependant que les appréciations peuvent varier entre les termes de six et neuf ans; mais que ce dernier délai est une limite extrême.—Un mandat trop long serait presque une abdication de la part des électeurs; d'autre part, des renouvellements trop rapprochés ne présenteraient pas de moindres inconvénients. Cette question mérite le plus sérieux examen de la part de nos législateurs ; car , suivant les appels plus ou moins fréquents, qui lui sont adressés et la manière plus ou moins libre dont il s'exerce, le suffrage universel peut engendrer tour à tour la licence ou le despotisme, mais il peut aussi faire naître la vraie liberté.

V.

Il s'agit ici d'une vraie loi d'unification, qui a pu sans inconséquence rallier les mêmes suffrages qu'une loi de décentralisation. Sur certaines questions, tout le monde est d'accord pour appeler l'unité, si on ne la possède pas, et pour la consolider si on l'a acquise : les monnaies, les poids et les mesures sont de ce nombre. Le système métrique a pris possession de notre sol et commence même à envahir les nations voisines ; c'est un progrès dont il faut s'applaudir et faciliter la marche : mais à quelles conditions et par quels moyens ?

Au milieu de cette unité de système, la pratique en France laisse apercevoir encore des applications bien variées. L'uniformité de la monnaie a pris plus facilement sa place, à l'aide de cette circulation illimitée qui l'impose rapidement à nos habitudes : sur ce point l'unité est un fait acquis. Il n'en est pas de même des poids et des mesures ; cependant un grand pas est fait : le gramme et le litre, ces deux dérivations du système métrique, sont généralement adoptés. Mais les usages locaux sont venus fonder

sur l'unité de principe la diversité des applications. Ainsi d'une région à l'autre, souvent entre deux villes voisines, l'unité de
poids, exprimée par le prix des marchandises et sous-entendue dans l'intention des
parties, subit des variations sensibles ; elle
varie encore avec la nature elle-même des
marchandises. De là une série d'usages utiles à connaître, si on ne veut être exposé
à des surprises. Après les questions de poids,
viennent celles de vente, de livraison, de
tare, d'emballage, de conditionnement, de
force et degré des spiritueux de tous gen-
res; nous y rencontrons encore une variété
infinie d'habitudes locales ou commerciales
qui jettent dans les relations des difficultés
sans nombre, et dans la pratique des affaires
des sujets de contestation.

C'est sous l'impression de ce danger, qu'a
été préparé le projet de loi relatif aux *usages
commerciaux* ; examinons s'il a atteint son
but. Nous ne pouvons qu'approuver le mobile qui l'a inspiré, et les principes sous l'é-
gide desquels il a été présenté. On nous dit
dans tous les rapports que la loi doit avoir,
quant à présent, un caractère plutôt déclara-
tif de la pratique actuelle, que constitutif d'un
droit nouveau ; qu'on a pris l'avis des Chambres de commerce (1): il n'y a rien à objecter.
Mais si nous adhérons pleinement aux pré-

(1) 27 Chambres ont adhéré au projet ; 18 l'ont
accepté avec des réserves, 14 l'ont repoussé au
nom de la liberté commerciale.

misses, il n'en est pas de même pour les con-
clusions. En effet, partout où l'expérience
aura démontré que les usages locaux tendent
à se rapprocher ; et qu'il n'y a que peu d'efforts à faire pour atteindre le but, nous com-
prenons l'intervention de la loi: elle s'empare
alors d'un fait à peu près accompli et le met
dans l'impossibilité de rétrograder; elle fonde
l'unité, sans entraver la liberté. C'est ainsi
qu'un décret du 25 août 1861 a réglé le tonneau de mer pour le fret des marchandises,
sur la base proportionnelle du poids au vo-
lume (1).

Cette situation n'était pas aussi généralement avancée que pourrait le faire supposer
la loi adoptée sur les usages commerciaux.
On a cru répondre victorieusement aux ob-
jections, en disant que l'uniformité ne doit
jamais préjudicier en rien à la liberté des con-
ventions. Il y a ici une véritable confusion
d'idées : la loi, nous dit-on, ne sera appli-
cable qu'en l'absence de convention ; mais
c'est précisément alors que les usages préva-
lent. L'hypothèse la plus ordinaire, dans certains centres et en certains cas, est celle où
les parties s'abstiennent de rédiger leurs ac-
cords par écrit, pour s'en référer aux usages;
et là même où interviennent des contrats,
bien des détails d'application sont passés sous
silence, et soumis dans l'intention réciproque
des parties aux usages locaux. Désormais on

____

(1) *Moniteur* du 5 septembre 1861.

devra choisir entre la convention et la loi ; et cette troisième hypothèse , quand elle se produira, n'aura plus d'autre appui que la bonne foi. Si celle-ci fait défaut, la loi nouvelle aura fourni une arme à la déloyauté, et protégé ceux même qu'elle avait la prétention de rendre impuissants.

Nous n'essaierons pas de parcourir le tableau général des marchandises qu'on a voulu réglementer. Il suffira de citer un exemple; nous le prenons dans le § 9 des règles générales :

« Dans les ports maritimes, toutes les marchandises autres que des articles manufacturés se vendent sur le pied de 2 0/0 d'escompte au comptant, et , lorsque le vendeur consent à convertir tout ou partie de l'escompte en terme , l'escompte se règle à raison de 1 1/2 0/0 par mois. »

Le rapport nous dit que l'opinion des Chambres de commerce n'ayant pas été unanime sur cet objet, on a tenu compte de cette diversité d'appréciation , et limité l'autorité de la loi aux villes maritimes. N'était-ce pas une raison pour ne rien faire ? En effet , dans les transactions entre deux villes soumises à deux régimes différents, quel est celui qui prévaudra ? On pourra sans doute le déterminer , mais non sans contestation et peut-être même sans recourir aux tribunaux. Il est des cas où le silence vaut mieux que les demi-mesures.

Parti d'un principe excellent et qui devra triompher un jour, on en a fait une application exagérée et surtout prématurée; on s'est

laissé entraîner, par une pente où nous incli-
nons toujours si facilement , dans l'excès de
la réglementation.

VI.

Le Code d'instruction criminelle a subi une
modification considérable dans ses articles 5 ,
6 et 7, par l'adoption de la loi sur les crimes,
délits et contraventions commis à l'étranger.
Jusqu'à ce jour le Français qui se rendait cou-
pable, hors du territoire national, d'un crime
contre un Français , pouvait à son retour en
France être poursuivi et jugé, s'il ne l'avait
été déjà en pays étranger, et si l'offensé pre-
nait l'initiative de la plainte. A l'avenir, les
poursuites pourront avoir lieu à la requête du
ministère public, et sans distinguer la natio-
nalité de la victime. Le développement im-
mense qu'ont pris aujourd'hui les communi-
cations entre les peuples et surtout entre les
nations limitrophes, indiquait sur ce point la
nécessité d'une réforme. La France ne pouvait consentir à servir d'asile aux coupables,
et protéger ses nationaux au préjudice de la
morale et de la sûreté publique. Aussi cette
modification n'a-t elle rencontré que de lé-
gères contradictions de forme.

La modification la plus importante et la

plus grave est l'introduction des délits dans le cadre de cette loi. La poursuite, il est vrai, est soumise à des conditions qui la rendront moins facile et moins fréquente : elle ne pourra avoir lieu qu'à la requête du ministère public, et devra être précédée d'une plainte de la partie offensée ou d'une dénonciation officielle par l'autorité du pays où le délit a été commis ; enfin le fait devra être prévu et puni par les deux législations. Mais ces restrictions et ces palliatifs laissent à la loi tout son caractère ; elle vient enrichir l'arsenal de nos lois pénales. Tout le monde est d'accord pour vouloir réprimer le mal sous toutes ses formes ; et si la modification proposée n'eût rien laissé entrevoir au-delà, elle eût été plus facilement adoptée, et la contradiction réduite à une question de compétence. Le débat serait limité entre ceux qui proposent l'extradition, de nos nationaux eux-mêmes, pour être jugés sur le théâtre du crime, là où se trouvent réunis à la fois les meilleurs moyens d'une poursuite impartiale et d'une défense efficace ; et ceux qui, mieux inspirés selon nous, réservant l'extradition pour les étrangers, préfèrent voir l'accusé jugé dans son propre pays, au milieu de ses concitoyens, et là où ses antécédents peuvent devenir quelquefois un secours et une protection, qu'il ne rencontrerait pas ailleurs.

Mais le rejet de l'amendement qui demandait une exception pour les délits politiques commis à l'étranger, laisse peser sur l'avenir des menaces que l'intérêt social ne justifie pas toujours. Nous n'avons pas oublié les protestations qui ont retenti à ce sujet dans l'enceinte du Corps législatif, et particulièrement les bonnes paroles de M. Nogent-Saint-Laurent. L'honorable rapporteur a déclaré personnellement qu'en matière de délit politique, il reconnaissait qu'il peut y avoir de l'exaltation, des erreurs commises de bonne foi, et il se disait disposé à une certaine indulgence qu'il ne rencontrait pas dans tous les esprits. Ces derniers mots sont déjà peu rassurants. Oublions-les cependant ; ne nous souvenons que des protestations de tolérance et des affirmations réitérées sur le caractère non politique de la loi; mais qui nous répond de l'avenir? Les hommes passent et les déclarations avec eux; la loi reste. Or, il est certain délit d'une nature purement relative et conventionnelle que la morale et la conscience universelle ne condamnent pas. Est-il conforme au progrès des mœurs de les rechercher jusque sur le sol étranger? Au lieu de réformer nos codes dans le sens de la répression, efforçons-nous d'y introduire des principes de tolérance; imitons la sagesse de nos pères qui n'abordèrent qu'avec réserve la confection des lois pénales : on sait, en effet, que l'application en est restreinte aux cas spécialement prévus ; et que les interprétations par analogie ne sont pas admises. Des lois de ce genre ne devraient jamais perdre ce caractère. La défiance irrite et sépare ; la confiance seule apaise et rapproche les hommes,

VII.

Une question des plus attrayantes à étudier, et en même temps des plus difficiles à résoudre a absorbé pendant plusieurs jours l'attention du Corps législatif, et donné lieu à de brillantes discussions ; nous voulons parler de la propriété littéraire. C'est un problème qui divise les plus grands esprits et sur la solution duquel, l'accord est loin d'être fait. — Les rapports de M. Riché, conseiller d'État, et de M. Perras, député, sont autant un exposé de la loi projetée qu'une défense du principe de la propriété temporaire.

Rapports ou discours, tout ce qui a été produit par cette discussion, atteste l'ardeur de la lutte, l'énergie des convictions, le talent exceptionnel des orateurs qui sont venus croiser l'épée dans ce tournoi de l'esprit humain. Aussi n'interviendrons-nous que timidement dans le débat.

En effet, si quelque chose doit imposer la réserve dans le jugement à porter, ce sont les noms qui brillent dans les deux camps, les tentatives nombreuses successivement essayées depuis le commencement du siècle pour fixer cette législation. Et aujourd'hui encore, quand on voit MM. Riché , Perras, Jules Favre, Guéroult parmi les adversaires de la perpétuité de la propriété littéraire, et MM. Marie, Jules Simon, Nogent-Saint-Laurent au nombre de ses défenseurs les plus intrépides ; deux commissions , l'une en 1826, et l'autre en 1863, ayant pour organes M. Portalis et M. Walewski, se prononcer en grande majorité en faveur de ce principe ; enfin la dernière commission législative divisée en trois catégories : la perpétuité dans le droit commun, la perpétuité réglementée , et le droit simplement temporaire ; on est peu encouragé à mêler sa voix à tant d'autres voix plus autorisées, et qui cependant sont encore si loin de s'entendre.

Mais sans prendre une part active à la lutte , qui aux yeux de quelques-uns n'est pas encore arrivée à son terme, il est permis au moins de recueillir des impressions et de les communiquer.

Au milieu de toutes ces divergences , il est un point, que nous croyons pouvoir saisir sans témérité , c'est que la propriété littéraire ne doit pas être soumise aux mêmes règles que la propriété ordinaire. Les diverses commissions dont nous avons parlé avaient accepté une réglementation spéciale; le principe de la perpétuité leur paraissait suffisamment sauvegardé par la fixation d'une redevance. D'autre part, les lois qui se sont succédées depuis un demi-siècle , en 1810,

1844, 1854 et 1866, ont constamment élargi le droit des *auteurs et ayant cause* ; et si , à la suite de débats aussi vifs que courtois et brillants, la dernière a rallié l'unanimité , le suffrage même de M. Marie qui a déployé à cette occasion la plus magnifique éloquence, c'est qu'une prolongation dans la durée de ce droit a été considérée comme un nouveau pas vers un principe dont on poursuit le triomphe définitif.

Passant de la théorie à l'application, nous allons examiner le régime nouveau sous lequel vient d'être placée la propriété littéraire. Jusqu'à ce jour, l'auteur avait, pendant toute sa vie, un droit exclusif sur son œuvre ; après sa mort, ses successeurs n'ayant plus qu'un intérêt d'un ordre moins élevé, leur droit était plus ou moins étendu ; la veuve mariée sous le régime de la communauté avait seule la jouissance viagère des œuvres publiées pendant le mariage , et les descendants exerçaient leurs droits pendant trente ans encore après son décès ; les autres légataires n'arrivaient utilement que dix ans après le décès de l'auteur, et ce délai de dix ans pouvait même être absorbé par l'usufruit de la veuve.

Aujourd'hui , un délai uniforme est établi pour la jouissance et l'exercice de ces droits, quelle que soit la qualité de l'héritier ; l'ordre de succession aura lieu d'après les règles du droit civil, sauf pour le conjoint survivant, en faveur duquel on vient de créer une situation privilégiée. On remarquera qu'il n'est plus parlé de la *veuve* seulement , mais du *conjoint*: *Il n'y a pas de loi salique*, dit M. Perras, *dans la république des lettres*.— Cette faveur a même suscité certaines contestations et donné lieu à des débats du plus haut intérêt, au point de vue moral, social et judiciaire. En effet, la dérogation au droit civil est complète : le droit du conjoint est absolu, quel que soit le régime matrimonial; il prime celui de tous les héritiers. A cette occasion, il s'est manifesté un sentiment dont M. Jules Favre s'est fait l'éloquent interprète : la nécessité d'une réforme au titre des successions. On sait que les droits de l'époux ne prennent naissance qu'après le dernier degré de parenté, immédiatement avant l'Etat. La loi sur la propriété littéraire n'en tient aucun compte, et M. Jules Favre a cru le moment opportun pour provoquer une modification générale. Mais le Corps législatif n'a pas voulu traiter ces deux questions simultanément, et avec d'autant plus de raison, qu'une seule lui était soumise. Il restera cependant une protestation tendant à modifier notre législation dans un sens plus conforme au rang que l'époux occupe dans la famille, sans toutefois lui sacrifier les descendants. Aussi la loi nouvelle, loin d'être en contradictionavec les principes, doit être considérée comme une première étape dans la voie de la réparation et de la justice.

En résumé, le droit des auteurs pourra s'exercer désormais pendant toute leur vie et pendant une période de cinquante ans après leur décès. La jouissance du conjoint survi-

vant n'est limitée que par la présence éven-
tuelle d'héritiers à réserve, ou par une disposition de l'auteur en faveur d'un légataire
déterminé. Cette faculté de tester était un
correctif nécessaire, pour garantir les œuvres
intellectuelles contre la négligence et même
la malveillance d'un héritier qui n'inspirerait
à l'auteur qu'une confiance douteuse ; ce droit
est une consécration nouvelle de la propriété
littéraire. Cette jouissance cesse également
lorsqu'il existe, au moment du décès, une sé-
paration de corps prononcée contre le conjoint ou que ce dernier contracte un nouveau
mariage.

Une période uniforme de cinquante ans
sera, dans bien des cas, une extension de délai
pour les collatéraux , les successeurs irrégu-
liers et même pour les descendants ; mais ce
peut être une restriction au droit de l'époux
survivant qui , jusqu'à ce jour, avait une
jouissance viagère. Il est rare , sans doute ,
que l'hypothèse d'une survivance au delà de
cinquante ans se produise ; mais ce n'est pas
impossible. On peut exprimer le même regret
à l'égard des descendants. Louis Racine a
vécu soixante ans après le décès de son père;
et, sous ce nouveau régime , il aurait été
privé pendant dix ans des avantages attachés
à la qualité d'héritier. Nous croyons qu'il
eût été plus conforme à l'équité d'introduire
dans la loi une exception à cette limite extrême, en accordant à l'époux survivant un
droit viager à exercer en commun avec les
descendants immédiats de l'*auteur*. Ce n'est

pas, en effet, dans un âge avancé qu'il sera possible de suspendre l'exercice d'une jouissance qui aura duré cinquante ans, et dont la nécessité sera plus vivement ressentie. Le rapporteur a parfaitement prévu cette hypothèse; il a même fait une déclaration qui devrait nous satisfaire :

« Les droits de succession, dit-il, tiendront dans un délai de cinquante ans, sauf l'usufruit de sa nature indéfini, qui appartient à la veuve. »

Seulement, ce n'est pas dans la loi, et, sur ce point, elle présente évidemment une lacune ou une obscurité. En résumé, l'organisation de la propriété littéraire vient d'être sérieusement améliorée : peu de projets de loi ont été plus profondément modifiés par la discussion ; c'est devenu, pour ainsi dire, l'œuvre du Corps législatif.

VIII.

Parmi les lois adoptées en 1866, il en est que nous ne croyons pas utile de placer dans le cadre de cette étude. Cependant nous ne pouvons passer sous silence celles relatives au courtage, à l'amortissement et à la télégraphie.

La loi qui supprime le privilége des courtiers de marchandises n'a pas besoin d'être commentée, à Marseille surtout. On en a suivi toutes les phases, depuis les premières tentatives d'élaboration jusqu'à son adoption définitive ; elle est connue, on peut le dire, jusque dans ses derniers linéaments. Il est à remarquer que le privilége supprimé en principe est maintenu dans certains actes d'une nature plus délicate, comme les affrètements, les assurances, les ventes aux enchères publiques. En effet, la nécessité de l'inscription, les formalités qu'elle entraîne, les charges dont elle est grevée, la création d'une chambre syndicale, tout cela va constituer encore des catégories. Mais les transactions privées, désormais à l'abri de tout contrôle et de toute investigation, deviendront, espérons-le, plus actives et plus nombreuses par l'application du nouveau régime.

Une indemnité est acquise aux anciens titulaires en compensation de la perte du privilége. L'Etat doit être couvert des sommes dont il devient débiteur, on le suppose du moins, au moyen de ressources spéciales : les droits d'inscription et les patentes imposées aux nouveaux courtiers. Le projet primitif augmentait la taxe de toute une classe de patentables. La commission, mieux inspirée, a demandé et obtenu que cette charge nouvelle fût supportée par ceux même, à qui doit spécialement profiter la nouvelle législation.

La loi sur l'amortissement demanderait des développements qui ne seraient point en proportion avec les limites de cette étude. Disons seulement que, si elle ne donne pas à tous pleine et légitime satisfaction, ce n'en est pas moins un hommage rendu à un principe salutaire, appelé et réclamé avec persévérance dans toutes les discussions de ce genre, par nos financiers les plus compétents, à la tête desquels s'est toujours placé M. Berryer.

Des modifications importantes ont également été apportées aux règles de la télégraphie privée : on a introduit la faculté de recommander les dépêches, et de s'assurer ainsi qu'elles sont parvenues à destination.— Mais une faculté, plus précieuse encore, est celle qui, assimilant la correspondance télégraphique à la correspondance ordinaire, autorise l'emploi de chiffres ou de lettres secrètes. A ce sujet, nous aimons à reproduire les termes de l'exposé des motifs ; voici comment s'exprime M. Cuvier, conseiller d'Etat rapporteur :

« On ne saurait se le dissimuler, la pré-
« caution prise par la loi de 1850, d'exiger
« qu'une dépêche soit toujours écrite en lan-
« gage ordinaire et intelligible, serait une
« précaution vaine si l'on voulait faire servir
« le télégraphe à des usages coupables. Quoi
« de plus facile que de concerter, au moyen
« d'un langage convenu et sous l'apparence
« des dépêches les plus inoffensives, des pro-
« jets criminels ? Et cela peut-être avec d'au-
« tant plus de sécurité, que la forme régu-
« lière de ces dépêches ne présenterait rien
« qui pût éveiller l'attention des pouvoirs pu-
« blics. »

Ce raisonnement est aussi vrai qu'ingé-
nieux; et comme tout se tient dans l'ordre des
idées et des principes, il sera permis d'en con-
clure qu'une application intelligente et loyale
de la liberté sert aussi utilement les intérêts
du pouvoir que ceux de la nation.

Il a été présenté un amendement relatif à
la réduction du prix des dépêches et qui, sans
être adopté, a été accueilli néanmoins par ce
que nous serions tentés d'appeler la minorité
des grands jours (1). — Une observation atten-
tive nous fait supposer que ce genre de votes
est devenu un moyen pour le Corps législatif
de prendre en considération ce qu'il accepte en
principe, sans en approuver l'opportunité. A
ce titre, qu'il nous soit permis d'espérer
qu'une nouvelle amélioration ne se fera pas
longtemps attendre. L'intérêt du fisc lui-même est attaché à une réduction de tarif, et
l'assimilation, déjà établie entre les deux natures de correspondance, postale et télégraphique, doit être complétée; les résultats ob-
tenus ne peuvent qu'encourager une pareille
mesure.

(1) 50 à 70 voix.

MICHEL AGARD.